Perro salchicha

Grace Hansen

Abdo Kids Jumbo es una subdivisión de Abdo Kids
abdobooks.com

abdobooks.com

Published by Abdo Kids, a division of ABDO, P.O. Box 398166, Minneapolis, Minnesota 55439.
Copyright © 2025 by Abdo Consulting Group, Inc. International copyrights reserved in all countries.
No part of this book may be reproduced in any form without written permission from the publisher.
Abdo Kids Jumbo™ is a trademark and logo of Abdo Kids.

Printed in China

052024

092024

THIS BOOK CONTAINS
RECYCLED MATERIALS

Spanish Translator: Maria Puchol

Photo Credits: Alamy, iStock, Minden Pictures, Shutterstock, Thinkstock

Production Contributors: Teddy Borth, Jennie Forsberg, Grace Hansen
Design Contributors: Dorothy Toth, Pakou Moua

Library of Congress Control Number: 2023950228
Publisher's Cataloging-in-Publication Data

Names: Hansen, Grace, author.
Title: Perro salchicha/ by Grace Hansen
Other title: Dachshunds. Spanish
Description: Minneapolis, Minnesota: Abdo Kids, 2025. | Series: Perros | Includes online resources and
    index
Identifiers: ISBN 9798384902089 (lib.bdg.) | ISBN 9798384902645 (ebook)
Subjects: LCSH: Dachshunds--Juvenile literature. | Hunting dogs--Juvenile literature. | Dogs--Juvenile
    literature. | Animal behavior--Juvenile literature. | Spanish language materials--Juvenile literature.
Classification: DDC 599.772--dc23

Contenido

Los perros salchicha

Los perros salchicha son tan lindos como largos, aunque no se criaron para que fueran lindos.

Su nombre en inglés proviene del alemán. Está compuesto de dos palabras, *dachs* que en alemán es tejón y *hund* que significa perro.

Empezaron a **criarse** hace más de 600 años. Su principal misión era cazar tejones. Los tejones son animales agresivos, ¡pero los pequeños y **resistentes** salchicha todavía son más agresivos!

tejón

Los perros salchicha tienen el
cuerpo largo y bajo. Tienen el
tamaño y forma perfectos para
meterse en las madrigueras de
los tejones.

Pueden ser de dos tamaños. La estatura común es de ocho a nueve pulgadas de alto (de 20 a 23 cm). Y los salchicha mini pueden medir entre cinco y seis pulgadas de alto (de 13 a 15 cm).

Pueden tener tres tipos de pelaje. El pelaje liso es corto y suave. Es fácil de cuidar y mantener limpio.

15

Los perros salchicha de pelo

largo se **criaron** para climas fríos.

Los de pelaje **duro** pueden cazar

en entornos **densos** y espinosos.

Ese pelo duro les protege la piel.

El pelaje de los salchicha

puede ser de muchos colores,

rojizo, negro, beige y tostado.

También pueden tener marcas.

Personalidad

Los salchicha se criaron para ser cazadores independientes, aunque son sociables y les gusta estar con sus familias. Su atrevida personalidad y sus dulces caritas hacen que sean fáciles de querer.

Más datos

- Los perros salchicha suelen vivir más tiempo que el resto de razas. La mayoría viven de 12 a 15 años.

- Una perrita salchicha que se llamaba Chanel, llegó a cumplir 21 años, un récord de edad entre los perros.

- Los perros salchicha son miembros del grupo de cazadores del *Club American Kennel (AKC)*. ¡Son los miembros más pequeños del grupo!

Glosario

criar – originado con un fin determinado.

denso – tupido, difícil de ver a través o atravesar.

duro – firme y rígido.

independiente – que no necesita el apoyo de otro.

resistente – fuerte, robusto, sólido.

Índice

Abdo Kids ONLINE
FREE! ONLINE MULTIMEDIA RESOURCES

¡Visita nuestra página **abdokids.com** para tener acceso a juegos, manualidades, videos y mucho más!

Los recursos de internet están en inglés.